AF227282

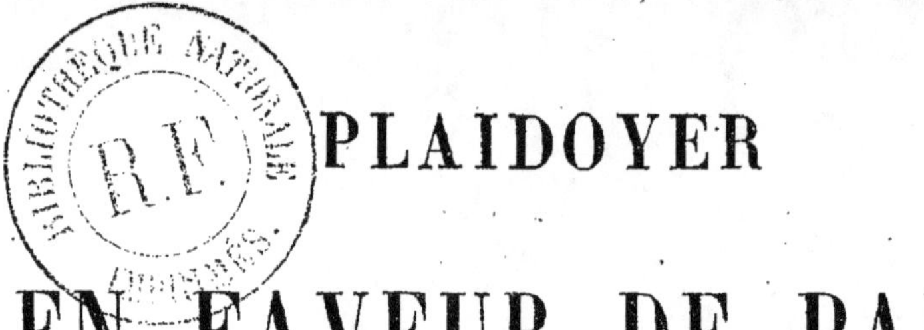

PLAIDOYER
EN FAVEUR DE PARIS

PAR

WILFRID DE FONVIELLE

CONDAMNÉ A MORT DE LA COMMUNE

Prix : **20** centimes.

SAINT - GERMAIN

CHEZ TOUS LES LIBRAIRES

—

1871

PLAIDOYER EN FAVEUR DE PARIS

Le *Paris-Journal*, qui n'a point été démenti en ce fait par le véridique *officiel* des gens de la Commune, m'a appris que j'avais été condamné à mort par contumace. Je n'avais point été assigné par leur auguste tribunal, quoique je l'eusse défié publiquement de le faire, prenant l'engagement de me rendre à son audience avec deux sténographes chargés de rendre compte des débats. Je restai donc à Paris pendant une dizaine de jours afin de donner le temps aux huissiers de ces messieurs de me remettre leur cédule, sans me cacher pendant le jour, et sans abandonner mon logement, quoiqu'il se trouve à une portée de fusil de la rue des Rosiers. Mais, me fatiguant d'attendre inutilement que la justice du peuple eût son cours, j'ai pris le parti de venir à Versailles, laissant à ces messieurs de la Commune la consolation de m'exécuter en effigie, ce qui, pour une sentence prononcée par contumace, est parfaitement suffisant.

C'est la première fois, depuis que j'ai l'âge de raison, qu'il m'arrive de me trouver séparé des insurgés! Ce n'est pas que mon instinct révolutionnaire se soit endormi! Certes, le mot de barricade n'a point perdu son pouvoir magique sur mon esprit. Si j'en veux au Comité de la Commune ce n'est pas de m'avoir condamné, c'est d'avoir fait son insurrection dans des conditions tellement illogiques, tellement forcenées, qu'il a été impossible de se ranger de leur côté! Ils m'ont chassé, non-seulement de Paris, mais encore du parti révolutionnaire par l'usage absurde qu'ils ont fait des principes et des forces de la révolution ! Moi qui suis resté pauvre, être obligé de dire que les riches ont raison ! Moi qui n'ai jamais pu parvenir à payer mon terme, défendre le propriétaire qui vient de me donner congé ! Faire des vœux pour que l'on puisse m'expulser de mon logement, où, grâce à la Commune, je pourrais demeurer paisiblement ! Me trouver proscrit, passe encore, c'est une position sociale à laquelle je dois être habitué, mais me trouver proscrit comme du temps de Bonaparte, et par des gens qui me mettent hors d'état de confesser ma foi politique, car ils me feraient rougir d'être républicain, voilà un outrage que je ne puis supporter.

Pourquoi ai-je été frappé d'ostracisme ? Est-ce parce que j'ai brigué des fonctions publiques ? Est-ce parce que j'ai été démontré en intelligence avec les ennemis de la patrie ? Est-ce parce que j'ai prétendu que les Prussiens étaient les bons amis du peuple de Paris ?

Non, c'est parce que j'ai essayé de faire ouvrir les yeux à mes concitoyens, c'est parce que je suis parvenu à démontrer qu'ils étaient entre les mains de véritables espions prussiens. C'est parce que j'ai rappelé que le général Eudes avait, faux étudiant, débuté dans la grande guerre par l'assassinat du pompier de la Villette, c'est parce que j'ai raconté, dans une lettre adressée au *Times*, qu'il avait, dans une grammaire allemande, la carte de visite d'un aide-de-camp du roi de Prusse. Une grammaire allemande ! Quel bréviaire pour un démocrate, quel temps pour apprendre à balbutier la langue de Kant et de Schiller ! Tout condamné à mort que je suis, j'aurais honte en ce moment de parler allemand. Il est vrai que j'étais international avant la guerre, et que je suis devenu national tout court jusqu'au jour où l'Allemagne démocratique aura fait sa révolution. Haine à la Prusse, voilà mon cri de guerre ; la Commune pourra me fusiller si elle le veut ! je suis complice moral de ceux qui ont tiré sur ses bons amis les Prussiens, car si l'on m'écoutait, Communards et Versaillais s'embrasseraient pour se précipiter ensemble, au cri de vive la République, sur les étrangers qui nous font déchirer notre patrie.

Si j'étais royaliste, je pardonnerais aussi facilement que ce grand citoyen d'Alsace qui a pignon sur rue dans le journalisme parisien, et qui a toujours dans la bouche le mot de *conciliation !* Mais comme je suis républicain, je suis irréconciliable avec les crimes que les Communards ont commis. Car si je leur pardonnais, on pourrait croire que je suis un peu leur complice. En me condamnant à mort, ils m'ont rendu le service de montrer que nous étions séparés par l'épaisseur de deux fusillades, celle de la rue des Rosiers, et celle qu'ils voudraient exercer sur moi !

Ah! si je pouvais parler aux braves prolétaires de qui j'ai si longtemps partagé toutes les espérances et toutes les haines, je n'aurais pas besoin de me mettre longtemps en frais d'éloquence pour leur faire prendre en horreur les turpitudes de Pyat, les décadences de Rochefort tombé à l'état de *sous-Grousset*.

Que diraient-ils, ces citoyens abusés, s'ils pouvaient deviner jusqu'à quel point ces faux agents d'une fausse République universelle ont nui au progrès de l'idée, s'ils savaient que ces aboyeurs ont donné le signal d'un haro universel contre les républicains ?

Déjà les ouvriers républicains de Londres, avec lesquels nous avons combattu les espions prussiens et la monarchie anglaise pendant la seconde moitié de l'investissement de Paris, ces amis si dévoués de la France, répudient avec horreur la solidarité des crimes commis par les prétendus internationaux qui siégent à la Commune de Paris. En effet, ne suffirait-il pas de la seule perspective de l'établissement d'une Commune à Londres pour faire passer toute la démocratie britannique sous les fourches caudines d'un ministère tory?

Si je n'avais pas couru le monde pour chercher des amis à la France et des ennemis à la Prusse, je me serais peut-être laissé tromper, duper comme ces pauvres travailleurs. Jamais, je le jure, je n'aurais pu découvrir, sans passer de l'autre côté des toiles, comment Bismark, qui nous avait fait échec avec la reine Victoire, s'y prenait pour faire marcher l'espion Vallès, *l'expion* Vermorel et le scorpion Delescluze !

Pardonnons à ces pauvres diables qui, n'ayant pu quitter l'enceinte de la Capitale, ne peuvent savoir comment on les trompe ni pourquoi les séides de la presse enragée emploient leur encre à noircir l'eau du ruisseau.

Pardonnons donc à ces malheureux, ils ne savent pas ce qu'ils font, ils n'ont pas vu que la France allait se relever plus puissante que le vainqueur.... que ses horribles revers allaient faire sa force irrésistible. Ils n'ont pas compris qu'au milieu de sa victoire, Bismark a dû trembler, car Paris avait racheté Sedan, Favre et Trochu avaient ait oublier Bazaine et Napoléon III.

Mais la Commune éclate comme une bombe prussienne. Voilà que l'univers s'écarte de nous ! Servie par des mains infâmes, la Prusse contemple son œuvre avec orgueil ; elle nous a bien vaincus, cette fois, car elle nous a déshonorés.

D'ici ma voix ne peut se faire entendre aux dupes des Communards ! Je parlerai cependant, car je vois autour de moi s'élever des erreurs moins coupables, mais plus dangereuses peut-être que celles qui dominent à Paris.

Je ne cacherai, je n'atténuerai, je n'excuserai aucun des crimes qui ont été commis là-bas, mais je demanderai aux honnêtes gens, aux Républicains qui m'entendent, de séparer la cause de ces drôles de la cause de Paris. Je ne ferai point comme ce journal flexible de la rue Montmartre, je ne parlerai point de conciliation, mais, je demanderai en grâce de ne point faire comme le légat de Béziers qui chargeait Dieu du soin de reconnaître les siens.

Je parlerai comme un homme probe et libre, sans haine quoique j'aie été condamné à mort à Paris, sans crainte quoique je puisse l'être à Versailles. Pourquoi craindrais-je ? cela m'aiderait à mourir de vieillesse ; car il en est des condamnations à mort comme des négations qui à deux valent une affirmation.

Je protesterai en honnête homme contre les menaces que j'ai entendu proférer ! Il est vrai que les hommes de la Commune, grâce à une lugubre équivoque, oppriment Paris à l'heure qu'il est, mais parce qu'ils oppriment Paris dans leurs saturnales, est-ce une raison pour que Paris soit puni ? Paris ayant été si cruellement traité par ses maîtres d'un jour, Paris n'a que plus de droit à notre pitié, à notre respect, à notre clémence. Si on pouvait jamais traiter Paris en coupable, ce serait dire que Paris a pactisé avec les Communards, que Paris s'est rendu solidaire de leurs forfaits ! Certes, depuis la révolte des Bagaudes bien du sang innocent a coulé dans les rues de la grande ville. Nous ressemblons un peu aux Romains, ces maîtres du monde, qui étaient parents de la Louve. Mais Paris est innocent de cette orgie, l'en punir serait presque aussi injuste que de le frapper parce qu'un foudre aurait éclaté dans ses rues et malgré tous ses paratonnerres aurait fait une hécatombe d'honnêtes gens. Il ne faut pas que les excès d'une bande fassent perdre de vue les droits de Paris. Autrement, j'en jure par la Commune du Prévôt Marcel, par celle d'Anacharsis et de Pache, j'irais porter ma tête au ministre de l'ex-justice, au citoyen Protot, car si Paris devait périr je tiendrais à honneur, puisque Paris m'a donné naissance, de périr avec Paris.

Depuis quelques jours le gouvernement dans son *officiel* de Versailles cherche à désabuser les Parisiens. Les gens honnêtes qui ont en main le pouvoir savent qu'il n'y pas de boîte à mitraille qui vaille un bon argument. S'il faut bombarder les coupables, c'est surtout à coup de bonnes raisons ! Ni le *Mot d'Ordre*, ni le *Vengeur*, ni le *Rappel* ne sont parvenus à établir la légitimité du coup de crime du 18 mars! C'est peut-être la première fois que Cartouche et Mandrin, ces précurseurs de la Commune, auraient le droit de se parer des couleurs d'un parti politique, pour réclamer l'abolition de l'échafaud. Mais trouver l'erreur de Paris inexplicable, en langue de la Commune c'est se monter *le bobéchon*. Hélas! non-seulement cette erreur s'explique, mais elle ne s'explique que trop. Paris, privé pendant si longtemps de toute communication avec le monde, a été pris de vertige : on le serait à moins.

Avant qu'on ait eu le temps de lui laisser prendre l'air du dehors, on lui apprend qu'il est renié, menacé par Carpentras ! Il voit Garibaldi qu'il aime insulté par ceux qu'il vient de défendre et traité comme un goujat !

Ceux qui ont profité de ces circonstances sinistres pour se faire un piédestal de calomnie ont été des menteurs et des traîtres; mais ceux qui laisseraient le malentendu se perpétuer seraient moins que des maladroits.

Les travailleurs peuvent déshonorer leur cause par bien des massacres encore sans qu'il soit permis de la déserter ! En effet, les rois en ont fait bien d'autres, et cependant on trouve encore des royalistes. Quelque mauvais qu'ils puissent être, les travailleurs sont toujours meilleurs que leur entourage ! Car le peuple a son entourage comme l'empereur Napoléon. C'est des mains de cet entourage qu'il s'agit de le tirer. C'est ce que je tâcherai de faire en lui disant la vérité, en flagellant les menteurs et les traîtres surtout, quand il les a choisis pour ses représentants.

Je ne dis point que les prolétaires soient inviolables, plus inviolables que les rois. Frappons-les quand il est nécessaire pour le salut de la France et de la République, mais frappons-les comme

Brutus frappait ses enfants... en nous voilant la face, puisqu'ils sont la chair de notre chair, et le sang de notre sang.

Des ignorants, qui ne connaissent pas leur histoire, peuvent, dans leur fureur coupable, oublier les enseignements du passé ! mais nous qui représentons la science, représentons à la fois l'avenir et le passé; nous ne devons pas faire comme les Juifs ensanglantant les rues de leur capitale, sans songer au voisinage des légionnaires romains. Ne soyons point les zélateurs de l'ordre, ce qui serait d'autant plus impardonnable que nous sommes à la porte du Temple occupé par des furieux.

Soyez sûrs que l'astucieux Vespasien avait ses Jules Vallès, ses Vermorel, ses Assi, qui lui avaient été signalés par les Rouher du temps. Les Juifs sont tombés dans le piège, et leur 31 octobre, leur 19 janvier, leur 18 mars ont réussi au gré des désirs de Titus, les futures délices du genre humain.

Mais c'était sans doute pour punir Israël de la mort d'un Juste que Dieu les frappa de folie, qu'il envoya aux Pharisiens, aux Sadducéens et aux Esséniens l'esprit de vertige ! Nous autres quel Dieu juste avons-nous donc crucifié? n'est-ce point notre pauvre Paris qui a été aveuglé par nos ennemis d'Allemagne, qui fut traité comme jamais Christ ne l'a été. Nous fûmes reniés par nos disciples, et Judas Italien ne nous a même point donné le baiser !

Cet aveuglement des prolétaires parisiens, jadis si intelligents, serait inexplicable sans l'influence étrangère, sans les intrigues de cette nation dépravée qui a juré notre perte. Devons-nous travailler aussi pour le roi de Prusse en demandant œil pour œil, dent pour dent, non pour nous, mais pour lui ? Car Bismark ferait souvent coup double, il serait débarrassé toujours de la victime et quelquefois du supplicié !

Dieu n'a pas voulu du sacrifice d'Abraham. La dignité de l'Assemblée aurait-elle besoin de la perte d'un peuple entier ?

Cette guerre, cette guerre horrible, rappelle, hélas ! le prologue de la destruction de la Pologne, de cette nation que la Prusse, il y a un siècle, a traîtreusement assassinée.

Les gens de Berlin savent comment il faut s'y prendre pour ruiner à jamais un peuple : n'ont-ils point étudié les intrigues du Grand Frédéric et de la Grande Catherine? Sachons résister à notre indignation même. Les vrais coupables ne sont point les malheureux que les gendarmes nous amènent par troupeaux et qui ont dormi dans les cabanes de Satory. Sentinelles, qui êtes chargées de veiller sur l'honneur de la France, sentinelles, prenez garde à vous ! Frappez, frappez sur les factieux, mais cependant prenez garde de ne pas frapper sur vous-mêmes. Devant vos pieds s'ouvre un abîme sans fond, un abîme où toutes vos libertés vont être englouties. Vous laisserez toutes les conquêtes de 1789 aux mains de la réaction. La France reviendra à la veille de la prise de la Bastille, et cette fois la nouvelle Bastille ne se prendra pas.

Les journaux prussiens déguisent à peine leur joie, et l'empereur d'Allemagne montre à ses sujets Paris, l'esclave que les Lacédémoniens faisaient enivrer devant leurs enfants. Féaux sujets de Guillaume, prenez garde à vous montrer impatients du joug, avides d'innovations; voyez vous-mêmes l'esprit révolutionnaire; pauvres Allemands qui rêvez d'être libres, prenez garde à l'infâme, à la *Commune de Paris !* votre vieux roi renverra les réformes aux calendes de notre future restauration.

Nos soldats sortaient des prisons d'Allemagne, convertis à la foi républicaine par les souffrances, par Metz et par Sedan ! Ils allaient former une armée admirable, l'orage grondait au-dessus de la tête du vainqueur de Paris. Leur vengeance s'accumulait dans un nuage à pantalons rouges ! Il fallait les lancer sur les Parisiens. Des Français égorgés par des Prussiens, c'est un spectacle sur lequel on est blasé..... Il fallait des Français égorgés par des Français, pour que l'armée de Charlemagne-Guillaume pût vider les caves de notre Champagne, et boire dans nos verres à son joyeux avénement.

Ce n'est pas tout, car ce César postiche va bientôt se lasser d'exhiber notre pauvre Paris. Quand la pièce aura eu une durée assez longue, il dira à ses comparses d'arrêter la représentation. Au besoin, il leur donnera quelques coups de canon, car ceux qui se livrent à ces grandes aventures n'ont point droit à sa pitié; celui qui paie ces traîtres a acheté jusqu'au droit de les assassiner !

Si nous tenons à rester dignes de la France, nous ne pouvons nous rendre complices de ces calculs affreux, complices involontaires, mais complices néanmoins par ignorance, par vertueuse indignation. Il ne faut pas pactiser avec l'émeute, mais il ne faut pas non plus pactiser avec la haine que l'émeute est destinée à semer. Ceux qui sont dignes de notre horreur, ce sont les lâches et les traîtres qui ont ourdi la trame infâme, les uns pour gagner leur salaire, les autres par ignoble ambition. Ce sont ces représentants et ces maires qui ont servi de complices, de compères à l'insurrection, et qui, malgré le meurtre de Thomas et Lecomte, ont parlé, quand la honte suait par tous les pores, d'éviter l'effusion du sang !

Ceux-là, il faut les démasquer, ce qui ne se peut faire pendant que retentit la fusillade, pendant que tonne le canon. Il faut que la raison puisse se faire entendre pour que les scélérats soient démasqués. Ils pataugeront dans de sanglantes équivoques tant que la guerre durera entre l'Assemblée et Paris !

On ne pourra leur cracher au visage tout le mépris qu'on a pour leur apostasie, tant qu'on ne leur aura pas démontré qu'on n'attend point Monk pour nous ramener quelque héritier des empereurs ou des rois ! ! Oui, le peuple de Paris avait raison. Il y avait un affreux complot monarchique qu'il a merveilleusement deviné. Mais au lieu d'être en France, ce complot était en Prusse. Si le peuple était victime, c'était de ceux qui dénonçaient Versailles, et qui écoutaient Berlin !

Que l'Assemblée a un rôle merveilleux à accomplir, si elle sait se tenir à la hauteur des calamités publiques ! Jamais sénat n'eut en ses mains le salut si complet d'une si grande nation. Est-ce que les situations, en ces temps épiques, ne feraient pas surgir des hommes ? Est-ce que Thiers ne trouvera pas moyen de gagner sur la Prusse la seconde manche et de préparer la revanche en sauvant d'un seul coup la République et la patrie ?

L'Assemblée est en face de calomniateurs qui la rendent responsable des malheurs qui ont fondu sur la France, alors que l'Assemblée n'existait même pas. Des espions payés par la Prusse lui reprochent les victoires que la Prusse a remportées ! Les complices de Janvier et d'Octobre viendraient faire croire que c'est elle qui a livré la France. Ces traîtres viennent lâchement lui reprocher les cessions qu'elle a dû faire les larmes aux yeux, et qu'ils ont rendues nécessaires en prenant les armes pendant le siége de Paris !

Cette audace montre que l'Assemblée représente la France, et lui donne de sanglantes lettres de naturalisation.

Paris libre est un non-sens, car sans Paris, la France serait bientôt esclave. On n'a jamais vu de corps sans tête, et de tête sans corps vivre plus que quelques instants. Si la Commune n'avait point eu des racines fangeuses dans un socialisme putréfié, Bismark certainement l'aurait inventée. Cependant il ne faut pas craindre de concéder plus que la raison ne commande.

Je n'ai pas peur de Paris libre s'il est affranchi des scélérats de la Commune, qui sont ses pires tyrans, car il ne tarderait point à se rejoindre à la France comme les deux moitiés de l'âme dont parle Platon, et qui cherchent à se rencontrer dans le monde. Paris et la France, coupés en deux par un coup de pioche prussienne, se ressoudraient tout seuls, à moins que le *citoyen* Louis Blanc ne se mêle de les recoller. Quand même elle serait vaincue, par impossible, l'Assemblée restera toujours la sublime expression de la patrie vaincue et trahie. Nous verrons toujours en elle notre vieux Lazare Gaulois qui même sans Christ ne tardera point à sortir de son tombeau. Au contraire, même triomphante et souveraine, la Commune sera toujours souillée par le péché d'origine. Elle portera au front tout le sang des soldats de la France que la Prusse a massacrés.

Que l'Assemblée n'ait donc qu'un seul désir, cicatriser nos blessures, au lieu de se préoccuper de questions d'étiquette parlementaire et de répondre *non possumus* aux révoltés. Les conspirateurs de la Commune seront inévitablement flétris par toute mesure vraiment républicaine et de cette flétrissure le *Rappel* ne rappellera pas.

Ce qui est horrible à dire, c'est que c'est par notre défaite si fâcheuse, si complète, que la Prusse a dissous le lien gouvernemental, qu'elle a rompu toute sympathie entre les chefs et la multitude. Le patriotisme aveugle, exaspéré de ces masses qui se croyaient la force de vaincre, a été l'arme dont les agents prussiens se sont servis. Triste malentendu que le bruit du canon ne ferait que perpétuer, que de rendre plus aigu, plus déchirant. Chaque boulet que vomit une pièce française, sous prétexte de faire brèche, ouvre un fossé qui nous sépare des prolétaires de Paris. Qui sait si nous ne donnerons pas au monde épouvanté un spectacle digne du moyen âge ! N'aurons-nous point un effrayant épisode comme celui qui ensanglanta Munster, car j'entrevois à l'Hôtel-de-Ville la menue monnaie de Jean de Leyde, et nos armes, plus parfaites, exécuteront aisément une de ces grandes hécatombes humaines qui, plusieurs siècles après les jours sombres, font frémir d'horreur l'humanité.

Quand Henri IV assiégea Paris, il ne se borna point à envoyer du pain aux insurgés. Le pain n'avait pas suffi, il fallut qu'il allât à la messe, et Paris, le Paris de la Ligue, se calma. Puisque Paris valait bien une messe quand il n'avait que quatre cent mille âmes, il vaut bien aujourd'hui quelques cris de *Vive la République.* Pourquoi l'Assemblée n'est - elle point aussi politique que le fut le monarque huguenot ? Pourquoi ne se rallie-t-elle point officiellement à la forme fatale du gouvernement français ? Il n'y a ni roi ni empereur qui ose aller s'asseoir aux Tuileries pour prendre toute chaude la place du citoyen Assi ; aucun autre cri, aucun autre symbole qui puisse reconstituer la nationalité française, qui pour la première fois doute d'elle-même, et que la douloureuse occupation de l'Alsace et de la Lorraine a ébranlée jusque dans ses fondements.

En faisant un effort suprême pour économiser des flots de sang français, l'Assemblée, vraiment nationale, déconcertera ses lâches ennemis. Elle imitera la mère héroïque qui renonça à son enfant plutôt que d'en disputer quelques lambeaux à son infâme rivale ! Le peuple généreux de Paris, instruit par tant de magnanimité, reconnaîtra de quel côté est la France ! Il jugera, dans sa sagesse, de la même manière que le roi Salomon.

Nous sommes en danger de mort, qu'on ne l'oublie pas, car si cet état affreux entretenu par la Prusse dure encore, des symptômes de décomposition nationale ne tarderont point à se révéler.

Montrons-nous Républicains, quand ce ne serait que par devoir, pour mieux montrer que les gens de la Commune ne le sont pas plus qu'ils ne sont Français. La République a déjà sauvé la France en un jour de grande crise. C'est, on l'a vu, un gouvernement fort, c'est le gouvernement des grandes dictatures, pourquoi ne servirait-il point à sauver la France d'elle-même ? Laissez le pays revenir à lui avant de songer à changer ce qui est ; dites-le hautement afin que les conspirateurs et les traîtres de la Commune n'aient plus le droit de nous appeler royalistes. Oui, c'est seulement à l'aide de ce mensonge qu'ils mettent en mouvement les masses prolétaires, et non avec la perspective du pillage, car les bandits sont une écume qui à elle seule ne peut mousser.

Un mal plus grand que tout ce qui nous est arrivé d'atroce serait de permettre à la Prusse de s'immiscer dans nos affaires, et de faire la police chez nous. Cette injure dernière mettrait le comble à notre abaissement, et donnerait le signal de la dégradation française. Le parti de l'Assemblée deviendrait alors, aux yeux de la masse, le parti de l'étranger. Il finirait comme le dernier roi de Pologne, le honteux amant de Catherine de Russie.

On se trouve en présence d'un dilemme terrible : Pactiser avec l'ordre qui vient de Berlin, pour ne point pactiser avec le désordre qui a l'air de venir de Paris et qui au fond vient aussi de Berlin. En creusant la question on trouve que la Prusse se trouve partout !

Bismark est comme Neptune qui laisse Éole déchaîner les tempêtes, parce qu'il prend plaisir à les réprimer ! !

Nos compatriotes aveugles ont commis le grand, l'immense crime de ne point s'apercevoir de la présence de l'étranger. Soyons plus sages, plus raisonnables qu'eux, ne perdons pas une seule minute de vue les conspirateurs étrangers.

Les ligueurs avaient la responsabilité du sang de la Saint-Barthélemy ; malgré leur audace, les insurgés du mois de mars n'ont point encore assassiné autant de victimes. Cependant Henri IV, Henri IV encore une fois, n'a point hésité à pardonner ! Pourquoi l'Assemblée qui représente le peuple n'aurait-elle point autant de clémence que le roi qui représentait Dieu !

Le tempérament du Parisien n'a point changé depuis lors, je n'en veux pour preuve que ce mot amer de Labruyère qui résume si merveilleusement toute la situation : « Il y a un jour où le peuple ne laissera pas changer ses enseignes et un autre où il se laissera voler toutes ses libertés. » Cependant le parti de la Ligue a disparu sans que dans sa ruine il emportât la gloire de Paris. Derrière l'explosion tumultueuse de la Commune, le grand foyer de lumière fera briller encore d'étincelantes vérités. Non, non, l'avenir n'est point aux Dombrowsky, aux Lefrançais, aux Ulysse Parent, il n'est pas à tous ces héros grotesques qui ont défilé dans la parade communale et dont quelques-uns ont déserté les tréteaux. N'allons point un seul instant douter du sort de la France, du sort de Paris. Ce doute hideux serait le triomphe de la politique de M. de Bismark, qui a oublié de la poudre dans un fort, des munitions dans un autre, de l'argent peut-être dans certaines caisses. Mais il n'a point oublié sans doute de suspendre sur la tête de nos diplomates la menace d'une intervention, intervention d'autant plus redoutable qu'elle aurait lieu sous couleur de les protéger.

Comment nos soldats ne se sentiraient-ils pas indignés en voyant qu'ils combattent avec les ennemis impitoyables et que côte à côte ils versent le sang français ! !

Suspendrait-on les opérations militaires, pendant la durée de l'exécution prussienne ? Voilà ce qui serait plus honnête, mais qui garantirait que les plus fidèles eux-mêmes ne déserteraient point pour aller faire le coup de feu contre les uhlans ?

Paris furieux a été agité par des convulsions intestines qui ont perverti momentanément la raison publique. Ayons confiance dans le bon sens général qui ne tardera point à avoir horreur des excès commis au nom de la Commune. Il ne faut aux Parisiens que le temps de regagner leur sang-froid. Il faut en appeler du peuple ivre au peuple à jeun. Est-ce que le vote du 18 mars était un vote libre ? Est-ce que toutes les formes les plus élémentaires de la votation n'ont point été violées ? Cependant la minorité a été surprenante. Elle indique que toute la partie saine, intelligente de la population a horreur du coup de force qu'on l'a appelée à légitimer.

Les bataillons de la garde nationale se pressaient nombreux et enthousiastes autour de l'amiral Saisset, on a voulu éviter l'effusion du sang alors que quelques gouttes auraient suffi pour tout sauver. Pourquoi ne point persévérer dans une politique sage, alors que la seule violence ne peut conduire à aucune solution ?

Des calomniateurs accusent l'Assemblée de préparer une restauration monarchique. L'accusation est certainement calomnieuse, mais pourquoi remet-elle au président du conseil des ministres le soin de protester de la pureté de ses intentions ? Pourquoi ne proteste-t-elle point elle-même de son aversion pour tout changement de gouvernement ? Paris est essentiellement républicain. La France a imposé à Paris vingt ans d'empire infâme et infamant dont Paris ne voulait pas. Si la France a besoin de garanties d'ordre, Paris, de son côté, a besoin de garanties de liberté ! La France veut retomber en monarchie, Paris ne veut point être dégradé. Paris ne vous imposera pas la République, mais de quel droit imposeriez-vous la monarchie à Paris? De quel droit condamneriez-vous un peuple majeur à retomber en tutelle si vous ne pouvez supporter votre liberté?

La Commune, sous le poids de ses crimes, se dégonflerait comme un ballon crevé, si Paris était rassuré par les déclarations de l'Assemblée, si, derrière les honnêtes assertions de M. Thiers, on n'était obligé de voir de tristes espérances monarchiques., indignes du siècle où nous vivons. Ce sont les réactionnaires qui créent les Félix Pyat, de même que les Félix Pyat font aussi les réactionnaires. Renvoyons les uns et les autres pour cause de suppression d'emploi.

Comment tant de gens intelligents et dévoués à leur patrie ne voient-ils point qu'ils tiennent entre leurs mains le moyen de désarmer la Commune et d'armer la France, car la France républicaine devient soudainement plus puissante que l'Allemagne impériale? A nous appartient la victoire de l'avenir, si nous savons rester à la fois Français et Républicains. Ces misérables de la Commune n'ont qu'une arme, mais elle est terrible, ils appellent nos représentants royalistes. A eux appartient l'honneur de se justifier. Si l'on me calomniait, pour me faire mitrailler, je ne laisserais point, à moins d'être interdit, à mon tuteur le soin de dire que je n'ai rien volé!

Si des intrigants de bas étage ont capté la confiance publique, c'est qu'on a cru que le gouvernement de la Défense nationale avait trahi la patrie. La réponse aux calomnies déversées par les agents internationaux, travaillant pour le compte de Sa Majesté prussienne, n'était point aisée à donner après l'inévitable capitulation de Paris! Les calomnies nouvelles auxquelles l'Assemblée nationale a été en butte, n'ont pas eu un effet moins désastreux dans l'affaire des troubles de Montmartre. Mais, plus heureuse que le gouvernement de la Défense nationale, l'Assemblée peut répondre par ses actes, et non pas seulement à coups de canon!

La légende de la révolution à outrance est, après le 18 mars, comme celle de l'empire après Sedan.

Peut-être cette lugubre comédie était-elle nécessaire. On n'a été guéri d'Auguste que par Augustule, de Napoléon le Grand que par Napoléon le Petit, et de Hugo que par Vacquerie. On ne pouvait l'être de Saint-Just que par Lockroy, et de Robespierre que par le citoyen Floquet.

Honte et malheur aux lâches et aux traîtres qui ont exploité ces circonstances, mais honte et malheur à ceux qui ne verraient de remède que dans la violence et qui n'auraient point confiance dans le bon sens du peuple parisien ! Pas d'équivoque comme lorsque des maires et des députés ont signé la capitulation qui a livré Paris aux enragés de la Commune ! Pas de comités borgnes, de conciliation où l'on vend la trahison au rabais ! Pas de prétendus ambassadeurs qui se glisseraient entre cuir et chair comme les tiques dans le talon des nègres du Congo. Si l'on veut négocier, que ce soit avec un *motu proprio*...

Rentrons dans Paris en libérateurs et non en conquérants. Ruiner Paris, ce serait ruiner la France. C'est ce que la Prusse a bien compris. Elle l'épargne, parce que son triomphe serait de le faire ruiner par nos propres mains. Au nom du ciel, n'allons pas donner un spectacle odieux au monde, spectacle hideux dans lequel les uhlans occupent les stalles d'orchestre. En effet, c'est le comte de Bismark qui a frappé lui-même les trois coups, lorsque le rideau sanglant du 18 mars s'est levé devant nos yeux épouvantés.

Imp. L. Toinon et Cie, à Saint-Germain.